【…………心に響く3分間法話…………】

老いて出会う
ありがたさ

圓日《まどか》成道《じょうどう》

法藏館

はじめに

圓日《まどか》先生と私たちシルバー・ボランティア誌「お便り」とのお付き合いは、三十年を超えました。季刊発行の誌面に、いつも二頁の原稿を書いていただいています。読者はまず最初に、この二頁を探して読んでいます。

そのテーマは多岐にわたり、忘れてはならないことを思い出させ、視点（または支点）を変えるとこんな考え方もあるのか、ということを知らせてくださいました。

先生は昭和一桁のお生まれだと聞いて、やはりと思いました。青春をあの敗戦時に過ごされているせいでしょうか、その言葉からは、この惰性の世の中に風穴を開けてくださるような力を感じるのです。

これまでの三十年の文章がこのたび一冊の本となり、これを一時間くらいで読むことができる贅沢《ぜいたく》に、ちょっと嬉《うれ》しい戸惑《とまど》いを覚えています。御上《ごじょうし》梓おめでとうございます。

「お便り」の会代表　左座富美子

目次

骨道

いのちが見えない

余生

悲喜の涙

骨道

骨道

私たちの目の前にある、おびただしい経典の数々、これらはみな漢字で書かれています。いまから千数百年も前、中国や西域の国々の三蔵法師たちによってもたらされ、古いインドの言葉から漢訳されたのです。三蔵法師たちのなかでいちばん有名なのは玄奘《げんじょう》ですが、彼らはみな、はるかなる国・天竺（インド）を目指し、何年もかかって経典を求め、そして中国に持ち帰りました。あるときは歩き、またあるときはラクダの背中にゆられながら。道はあのシルクロードです。

極寒と酷暑、砂嵐や竜巻に翻弄《ほんろう》されつつ、三蔵法師たちは天竺に向かいました。かすかな道をたよりに旅を続けても、一夜のうちに砂嵐が行く手を隠してしまい、道の痕跡すら残さない砂丘となってしまうこともあったでしょう。

彼らを苦しめたのは自然の脅威だけではありませんでした。盗賊や猛獣にいのちを奪《うば》われた三蔵法師たちも数多かったにちがいありません。官憲に追われた人も、なかにはいました。玄奘もそのひとりです。おはなしでは孫悟空《そんごくう》や猪八戒《ちょはっかい》、河童《かっぱ》の沙悟浄《さごじょう》たちをお供にしていたことになっていますが、本当はそんなに呑気《のんき》なものではありませんでした。玄奘が中国を出立したときには、密出国だったのですから。

そんな彼らを支えたのはただひとつ、いちずな宗教的情熱だったと思います。そのとき、彼らは何を道標《みちしるべ》としたのでしょうか。三蔵法師のひとり、法顕《ほっけん》の日記には次のように書かれています。

上に飛ぶ鳥はおらず、下に走る獣はいない。あたりを見渡せば広大で、行く手を測《はか》るすべもない。ただ太陽を見て東西とみなし、人骨を遠くに眺め、行路の標《しるし》とするのみ。

つまり法師たちは先人の骨を、ただひとつの導きとしたのです。シルクロード（絹の道）はまた、ボーンロード（骨の道）でもあったのです。

先年、九十歳の母がこの世を去りました。火葬場で母の骨を拾いました。もうなにもいわなくなった母の骨の前で、私は法顕の言葉、「人骨を遠くに眺め、行路の標とするのみ」を思い返しました。この母の骨こそ、三十四歳で夫と死別し、十人の子を産み育てたことの、ただひとつのたしかな証《あかし》だったのです。

み仏の座

仏さまにはみっつの姿があります。ひとつめはお釈迦さま。私たちの世界に人間の姿をして現れてくださった仏さまです。そのお釈迦さまが六年間の苦行に終止符を打ち、ニレンゼン河で沐浴され、村娘のスジャータの捧げる乳粥を口にし、菩提樹の下で端座《たんざ》されようとしたとき、人びとはそこに干草を敷いてさしあげました。彼らはお釈迦さまのすがたを見て、生きとし生けるものが等しく救われる道が教えられるにちがいないと思ったのでしょう。だから、その草の座は、私たちの願いが込められている象徴《しるし》なのです。

ふたつめは阿弥陀さま。阿弥陀仏はお釈迦さまのお覚《さと》りの内容です。私たちはお釈迦さまの教えである阿弥陀仏によって救われるのであって、お釈迦さまに救われるのではありません。お釈迦さまは教主《おしえのぬし》、阿弥陀さまは救主《すくいのぬし》なのです。その阿弥陀さまの座は蓮華です。経典に、「この蓮華は阿弥陀仏の本願によってできたものである」とありますから、蓮華座は阿弥陀さまの私たちを救わねばやまんという切なる願いの象徴なのです。

だから草座《そうざ》と蓮華座はお互いに対応しているのです。私たち衆生の願いと、阿弥陀仏の願いの結びつくところに、衆生の救いが成就するのです。

　みっつめは先の二仏を仏さまとしている根本の仏さま。無上仏とも法身仏ともいいます。親鸞さまが色も形もないという、この世の真理（法《ほう》）そのものの仏さまであります。その仏さまは虚空《おおぞら》を座とされています。虚空座《こくうざ》であり、無願の象徴です。これは願いが無いということではなく、その反対に願いの極《きわ》まりなのです。そこから無限の願いが生まれてくる座です。草座も蓮華座も、この虚空座から成り立っているのです。無願を根源としない限り、あらゆる願いは不純な欲望となるのです。

病なく身強き人

つい先日、私の寺のご門徒をたずねた。八十九歳の男性。数年前までは証券会社でバリバリと仕事をしておられたが、足を悪くされてからは部屋に籠《こも》ったきり、八十歳の奥さんとふたり暮らし。息子夫婦は遠くで暮らしている。「なんぼお金があったって、つまりません。健康でなければ生きる値打ちもありませんばい」。もう歩けない足をさすりながら、こうつぶやかれたとき、なんとも複雑《ふくざつ》な気持ちになりました。私の友人で、赤ん坊のころ脳性小児麻痺《まひ》となりながらも一所懸命《いっしょけんめい》に生きているK子さんは、どうなるというのであろう。健康でなければ、本当に生きている値打ちもないのだろうか。

健常な者が生きることに倦怠《けんたい》し、日々の生活のなかでなにひとつ生命の輝きを実感できず、自分の人生の不透明にアクビしている一方で、K子さんは一所懸命に不自由な体を動かし、不明瞭な発音ながらも、なんとかして自分の思いを周囲の人びとに伝えようとしている。そこに私は、目もくらむような生命の尊厳を見るのです、生命に対する健常者の傲《ごう》慢《まん》さと無知を告発する、するどい刃《やいば》を見るのです。

私は「健常者」。だから愚痴《ぐち》をこぼしている先のご老人に、K子さんのことを話して説諭《せつゆ》する資格はない。しかし、なんともやりきれない気持ちになってしまうのです。K子さんは風呂に入ったときなどに、もはや変形してしまった自分の体を拝むことすらあるという。いつだったか、老衰で寝たきりになりながらも、まわりの人たちの心づかいに、いちいちお礼をいいながら、「いまの私は、申し訳ありませんが、笑顔しかさしあげるものがありません。その笑顔すらできないことがあるのですよ。もったいのうございます」と、さわやかな笑顔を見せてくださった老婦人があった。

体の健康とはなんなのだろう。案外《あんがい》と心は貧しく、不健康なのではないだろうか。この世に生を享《う》けて、もっとも大切なものを忘れてしまっているのではないか。だれでも健康は望むところだけれども、体の健康には往々にして大きな落とし穴があると思います。

「健全なる精神は健全なる身体に宿る」ということわざも、半分は本当だが、半分はウソです。

病気にならなければ手に入れることのできない大事なものがある。老いなければ身につかない大切なものも、たくさんあるように思います。えらそうなことをいうようですが、人生が自己完成のための学びの場であるなら、人生に起こるさまざまな出来事には、なにひとつ無駄なものはなく、すべてはこの上もない教材でありましょう。

もうひとりのだれか

刑務所の教誨の仕事をはじめて三十八年になります。

はじめて教誨に行く前の晩は、興奮して眠れませんでした。相手は死刑確定者です。死について の本を何冊か読んで、当時四十歳にも満たない自分なりに死について構想しました。できあがった説教の原稿は、我ながらなんともお粗末なものだったと思います。

教誨室までは、五つほどの錠が開閉されなければなりません。ガチャガチャと音がするたびに身がすくむ。

立派な仏壇が安置されている教誨室に六、七名が私を待っていました。一人ひとりに挨《あい》拶《さつ》するゆとりもなく、そそくさと仏前に座ってお経を読みはじめました。みんなのおどろくほど大きな声がせまい部屋にガーンと響いて、ますますあがってしまいました。雲の上を泳いでいるように現実感のないまま、向かい合わせに。一メートルと離れていないものだから原稿を広げるわけにもいかず、暗記していたのも緊張で全部忘れてしまいました。

あのときは、なにを話したのでしょう。ただ最後に、蓮如上人の手紙「末代無智の章」

を読んだことだけを覚えています。

説教の後、死刑確定者のひとりがいいました。

「私たちが死刑囚だからでしょうか。はじめての教誨師さんは例外なく死について話されます。でも今日は死のことはなにも話されませんでしたね」

黙るほかありませんでした。なにを話したのかすら覚えていなかったのですから。

「いや、いいんです。死刑囚だって、そう死のことばかり思いつめているわけじゃない。それでは身がもちませんよ。だからといって、死の恐怖がないといっているわけではありません。夜など気が狂いそうになることはしょっちゅうです。でも、そんな自分にびっくりする自分もあるのですよ。わかりますか」

「今日も死についてのお話をされると思っていました。いつでしたか、初めて話に来た教誨師さんに、私だって今日の帰りに交通事故にあって死ぬかもしれない、人はみな死刑囚だといわれたことがありました。すごく腹が立って、バカなことをいいなさんな、死刑囚の私と教誨師のあなたが同じなんてことはない！　と怒鳴ってしまいましたよ」

いまでも、そのときの言葉が耳にやきついています。私の教誨の原風景です。そして、この原風景を大事にしたいと思っています。

ご法事をいとなむ心

ご法事をいとなむ心はさまざまです。その第一は、今日あるのは祖先のおかげだから、その感謝の心をあらわすためにするというのが、おおかたのところでしょう。だが、亡くなった方が生前に大きな迷惑をまわりの人たちにかけていたりしますと、そうすんなりと感謝の気持ちも出てこないということにもなりかねません。

第二は、吉凶《きっきょう》禍福《かふく》の心で法事をいとなむものです。法事をしないと祟《たた》りがあり、法事をすると幸せになるという考えです。法事がすんだのち、「これで安心しました」とよくいわれますが、どんなふうに安心されたのでしょう。案外《あんがい》、「やれやれ、祟られずにすむわい」ということだったら、困ったことです。

第三は、法事を縁として仏の教えを聴くというものです。つまり法事は仏縁だというのです。法事のことを「仏事」というのは、その意味でしょう。

さて、数年前、中国に残留された孤児たちを放映するテレビをみていたときのことです。せっかく日本まで来たのに親を探し当てることができずに空しく帰って行く彼らに、アナウンサーが「なにかひとこと」とマイクを向けていました。すると、そのなかに五十歳近い男性がいて、彼はしぼり出すような声でなにか叫びました。その声はすぐに通訳されました。それは「私はいったいだれなのでしょうか」という意味だったのです。すぐにはその意味が読み取れませんでした。ひと息のんで、やっと私にはその意味が理解できました。

親がどこにいるかわからないばかりか、その生死すら不明だということは、つまり自分がだれであるのかさえわからないということと同じではないかと。今年も彼らは親をたずねてやって来ました。でも彼らは、そうすることで、自分のいのちのルーツを、もっというなら、自分自身を探しに来ているのだと思います。

同じように、私たちが両親に連なる有縁《うえん》の亡き人びとのご法事をいとなむ心の奥深くには、本当の自分に出会いたい願いが隠されているにちがいありません。いいかえれば、私のいのちの根っこにあって私を生かしてくださっている限りないいのちの仏さま（阿弥陀仏）に出会いたい願いが、ご法事をいとなむ心だと思います。さらに、ご法事をいとなむ心は、阿弥陀仏が私を阿弥陀仏に出会わせたいという、切なる願いによるものであったことが、私が阿弥陀仏に出会うとき頷《うなず》かれるのです。ご法事はお仏事なのですね。仏さまが私を仏さまに出会わせたいとして働いてくださっている、仏さまのお仕事だったのですね。

近道は退屈でしょう？

ある本で読んだのですが、むかしの中国の汽車の運賃は各駅停車の方が急行よりも高かったそうです。もちろん日本では急行の方が高いのですが、その理由が早く目的地に着くことであるのはいうまでもありません。でも、中国には中国なりの理由があるわけで、それは各駅停車の方が急行よりもずっと長く汽車に乗っていられるから高いのはあたりまえなのだそうです。どちらにしても、それなりにちゃんと理屈はあるものですね。合理主義とは案外《あんがい》そういうものなのでしょう。時《とき》と処《ところ》が違えば、真反対のことが、それぞれ合理的なのですから。

ところで、むかしに読んだこんなことをあらためて思い出したのは、数日前、ちょっと気になるテレビをみたからなのです。

それは、あと十年もすると、いまの新幹線より三倍も速い電車が日本にできるというニュースでした。それはリニアモーターカーというもので、現在は新幹線で三時間かかっている東京と大阪のあいだを一時間で走るのだそうです。その速さはまさに飛行機なみで、時速五〇〇キロといいます。正直にいって、そんなに速く走ってどうなるというのでしょうか。賛成、反対の意見も、それぞれの立場から出ていました。東京への一極集中をますます激しくするものだという建設反対の意見、それとは逆に分散させる効果があるものだという建設賛成の意見など、まさに人間知性の二面性をあらわしていて「合理」という名の自己中心性をみごとに教えてくれるものでした。

ニュースをみながら思いました。三時間かかるところが一時間になるのですから、二時間の節約ができることだけはたしかです。けれども、時間というものはおもしろいもので、はたしてそれが節約といえるものかどうか、その浮いた二時間のおかげで、私たちはそのぶん、ゆったりと楽しい時を過ごすことができるだろうか。どうも結果は逆で、かえって心は落ち着かず、身をもてあますことになるのではないでしょうか。

たとえあまった二時間を、ゆったり、たっぷり使うことができたとしても、それは、いらいら、せかせかの乗車時間を犠牲にした「ゆったり、たっぷり」なのですね。だったら最初から乗車時間三時間を「ゆったり、たっぷり」楽しんだ方がよっぽど賢明《けんめい》ではないでしょうか。そうすればリニアモーターカーを作る必要もないのではないでしょうか。そんなに速く走ってどうなるというのでしょうか。

清浄無遺

お布施といえば、いまではお寺にさしあげるお金ということになっていますが、もともとはまわりの人たちに施す行いのことです。それには物の布施と、法の布施があるといわれています。たとえば信者から寺院への財施と、寺からの法施がそうです。でも、そればかりではありません。たとえば優しい言葉、相手の心に寄り添う心なども布施なのです。

さて以前、バスに乗っていたときのこと。後ろの方で争うような声がしました。

「私はね、お礼をいってもらいたくて席を譲ったのではありませんよ。でもね、あなたその態度は何ですか！　えっ！　お礼のひとことくらい、いってもいいじゃないですか！」

私は思わず苦笑してしまいました。その人はやっぱり、お礼をいってもらいたかったのでしょう。

曹洞宗の開祖・道元さまの言葉に「布施というは貪《むさぼ》らざるなり」というのがあります。たとえば、よそからのいただきものをお隣《となり》の奥さんにおすそわけをする。次の日、市場でその奥さんとバッタリ出会う。昨日おすそわけしたことはなにもおっしゃらない。それでもあなたの心は平らかでしょうか。ついつい、いってしまわないでしょうか。「昨日の奈良漬、どうでした?」。奈良漬一切れにだって返事がないと心が治まらないのです。布施という行いが心に残ってしまい、領収書を要求する。道元さまはこのことを「貪る」といわれたのでしょう。布施を貪っては、布施が布施にならないのです。

ところで、『大無量寿経』のなかに「清浄《しょうじょう》無遺《むゆい》」という言葉があります。阿弥陀仏の浄土には地面いっぱいに美しい花びらが四寸もの厚さで積もっていて、歩くたびにとても気持ちがいいというものです。それだけでなく、歩いたあとの花びらは、大地が裂けて地中に吸い込まれてゆき、そこにはなにも遺《のこ》らないというのです。

風のようにやって来ても、来たことを知らない。香りのように去って行っても、去ったことを知らない、といったところでしょうか。しかし、現実にはなかなか、むつかしいことです。

別れて会う

十七歳でお寺に嫁《とつ》ぎ、病気がちの夫を介抱《かいほう》しながら十人の子どもを産み、ついには三十四歳で後家《ごけ》になり、それからは二人の子どもを失いながらも八人の子どもを育てて五十四年間、最後は一年ほどの病床生活の末、さる一月二十三日の早朝、自宅で息をひきとったその女《ひと》。私はその六番目の子どもです。

八十九年間の彼女の生涯。そのちょうど半分のころに日本の敗戦があったことを思えば、その境涯《きょうがい》のすさまじさは、とても言葉ではいいあらわせないものであったろうと、母逝《ゆ》きて十余日、しみじみ思う。あれからずっと私の心はカラッポになってしまったようである。仕事の合間に、ふと母はもういないのだと思う。そこにはスッカラカンになった心がある。そう気づくたびに、私は母の名を呼ぶ。するとカラッポの心が母でいっぱいになる。心は母であふれてしまいそうだ。

「会うは別れのはじめ」と世間ではいう。そのとおりだと一応は思う。だが、本当に会うのは別れてからではないのか。会っていたから別れたのだが、そのときの出会いは本当の出会いであったかどうか怪しいものだと、別れてしまったいま、そう思う。

別れて会えたその出会いのたしかさに、以前の出会いは私によるわがままな出会いに過ぎなかったのだと思う。こちらの気分で会っていたに過ぎなかったのだ。

親に三種あると聞いた。第一は戸籍上の親である。血のつながりとしての親だ。第二は自分の目の前にいる親である。いつも顔をつきあわせ、百面相《ひゃくめんそう》する親である。あるときは腹を立て、あるときは笑う。愚痴《ぐち》をこぼし、嫉妬《しっと》し、泣きわめく親である。そんな母を私は厄介《やっかい》に思っていた。いまにして思う、あの百面相は私の百面相を映す鏡だったのだと。私の勝手な尺度《しゃくど》で計った親、私の自我が作り出した親に過ぎなかったのだと。

第三の親、それは名になった親である。その親にはもう自分の尺度は用をなさない。自分勝手の届かない存在である。血のしがらみを遠く離れ、自我中心の束縛《そくばく》から開放されて、本当の親に出会えるのは、その名においてではないか。私との本当の出会いを果たさんがために、ついに名にまでなってくださった母を想う。私のなかに母がいる。南無阿弥陀仏とその名を呼ぶとき、微笑の母でいっぱいになる。悲しいというより、とても寂しい。でも寂しさは心のうちにしまっておこう。泣き顔の母はイヤだから。寂しいけれど、とってもさわやか。母の微笑がそっくり私にうつったみたいだ。

いまんわかかもんな！

五郎くんとムッちゃんは東京に住んでいる従兄弟《いとこ》の若い夫婦です。五郎くんは勤めていた会社を辞め、弁理士の資格をとるために勉強中。もう何度か試験も受けたのですが、まだがんばっています。両親はイライラしていますが、「五郎くんの代わりに私が働けばなんとかなりますから……」とムッちゃん。「親父もおふくろも心配せんどってね」と五郎くん。たしかにふたりは親に無心することもなく、なんとかやりくりしている様子です。

数か月前のことです。車を走らせていたとき、ふたりは道の真ん中に交通事故にあったネコを見つけました。「五郎ちゃん、止めて！」とムッちゃん。「あっ、まだ生きてる！」と五郎くん。血だらけのネコを車に乗せると病院を探しました。みんな断られました。ふたりは人間サマの病院へ行ったのです。動物病院はおいそれとはなかったのですから。それからようやく動物病院を探し当てました。

「これは大手術だ。でも助かるかどうか……」。若い獣医さんは首をかしげました。「お願いします！」とふたり。「やってみますが、保険はききませんし、高くつきますよ」。

料金を聞いてびっくりしました。ふたりの生活費を犠牲にしなければならないほどの額です。ふたりは迷いました。「お願いします。お金は持ってきます！」と五郎ちゃん。いかなムッちゃんでもおどろきました。彼女は五郎ちゃんの腕をつついて、そっといいました。「お金はないよ、五郎くん」「うん、親父に相談してくる」。

社会人になってはじめての無心でした。それも見知らぬネコの手術代のためというのですから、両親も戸惑いながら、それでもいままでにない息子の真剣なまなざしに圧倒され、お金を出しました。あんなにまじめな息子の顔を見たことがなかったと、両親はいいます。

その甲斐あってネコは元気になりました。一か月ほどたってから、ふたりはネコを交通事故の現場に連れて行きました。「お前の家はこの近くだろう。さぁ、帰れよ」。でもネコはふたりから離れようともしません。ふたりはそのあたりで何回も同じことをくりかえしました。ある家の前でした。「さぁ、行けよ」。ネコはふりむきもせず家のかげに走り去って行きました。ふたりは思わずバンザイとさけびました。彼らは私の大好きな若者です。

話は変わりますが、エジプトで遺跡を掘っていたら、文字が彫られた五千年も前の石柱が出てきましたので、学者たちが苦心してやっとそれを解読したそうです。するとそれは「いまの若い者は！」という意味だったそうです。

凜

昨年の年賀状だったでしょうか、「凜《りん》」という一字だけを書いて年頭のご挨拶《あいさつ》にしたことがありました。五百枚くらい竹筆で書きました。「凜」という字はもともと寒いという意味ですから、キリッとしたとか、シャンとしたとか、そんな状態をあらわす文字です。そこから「凜々《りり》しい」という言葉も生まれました。

先日、若い友だちからお手紙をいただきました。広島県の三次《みよし》という町に、神野瀬川《かんのせ》に臨《のぞ》み、中国山地を背にするお寺があります。そこのご住職さんは、ご門徒としっかり結びつきながら真摯《しんし》に教えを学び、差別や平和の問題に取り組んでおられる若い僧侶です。そしてその奥さんは、娘さんのころ体の不自由な方のための施設に保母さんとして勤めていらした、明るく積極的な坊守《ぼうもり》さんです。ここ数年、親しくさせていただいている、そのおふたりからのお手紙です。それは次男《じなん》さんが誕生したというものでした。

「名前を〝凜〟としました。いただいた年賀状にありました。それを頂戴しました」

手紙のなかには、ほかに両親が凜くんに贈る言葉が入っていました。

「凜、お前の名前は、父さんと母さんの先生からいただいたものだ。凜として生きよとの願いを込めた名だ。……」

途中は省略しますが、最後にふたりの短い言葉が添えられていました。

「父さんの願い……背すじを伸ばして生きよ

母さんの願い……しんどかったら、曲げてもいいよ」

私は思わず笑ってしまいました。それからウーンとうなりました。ご両親の願いは言葉ではまったく反対ですが思いはひとつ、凜くんへの深い愛であることにちがいはありません。背すじを伸ばしてシャンとできるのは、その裏に「しんどかったら、曲げてもいいよ」という言葉があってのことだと思います。でないとくたびれてしまいます。でも、「曲げてもいいよ」といわれたら、不思議なもので、凜くんはきっと背すじを伸ばすはずです。私たちはこのふたつの言葉（愛情）で生きていくのだと思います。

長く人生を歩んでいる者にとって、仏さまの言葉は、「まぁゆっくりしておいで。そのままでいいんだよ」と聞こえてくる。するとその人は、元気が出てきて、「よーし」と、さらに新しい歩みをはじめるのでしょうね。

いのちが見えない

いのちが見えない

保育園の先生から聞きました。

「保育園の庭に、クラスごとに花壇を作り、それぞれ子どもの数だけ花を植《う》えました。どのクラスがいちばん上手に育てることができるか競争しましょうと……」

「ほう」と私。

「どのクラスも一所懸命《いっしょけんめい》でした。水をやったり土を耕したり。私のクラスでは花にご挨《あい》拶《さつ》しようねと約束したのです」

「花になにかいうのですか？」

「おはようとか、こんにちはとか……」「へぇ、それでどうなりました？」

「私のクラスの花がいちばんきれいに咲いたんですよ」

先生はとっても嬉《うれ》しそうに話してくれました。

「花や野菜の生長に音楽がよいとは、むかし聞いたことがありますが、挨拶もですか？」

「あとで先生がたと話したのですが、ただ空気を震わせて花を刺激するだけでなくて、ご挨拶するなかでお友だちみたいに花がかわいくなるでしょうし、花といっしょになって大きくなろう、大きくなろうねという気持ちが花にも伝わるのではないでしょうか」

「当然作業にも念が入るでしょうね」

「子どものいのちと花のいのちがひとつになっているようでした。私たち大人が失ってしまったものですね」

先日、広島に行ったとき、豚を飼《か》っている人から話を聞きました。その人は、豚にみな名前をつけているのだそうです。一頭ごとに部屋を区切って、境《さかい》の柱に名札をつけているとのことでした。「豚にエサをやるときいうのだよ。〃ほれ、ブタ子、朝ごはんだ〃ってね」。話を聞きながら、私は保育園の子どもたちのことを思い出していました。花のような植物だって声をかけていると、りっぱに育つのだから、動物だったら、なおさらのことだろうなと。

その人は、あとを続けていいました。「言葉をかけてやるとね、そうしない豚より病気も少ないし、ずっと大きく育つよ。目方《めかた》も大きいから、いい値で売れるし、肉も水っぽくなくて、うまいんだよ」。

私は返事をする言葉を失っていました。

弟のこと

母の一周忌の法事がすんで、まもなく病院に担ぎ込まれた私の弟は、お医者さまの懸命《けんめい》の努力にもかかわらず、たった九日間の入院で浄土に還《かえ》って行きました。五十七歳でした。十人兄弟のなかでも、とりわけ母親思いの弟でした。一年前に母が亡くなってからは、かたときも母のことが忘れられない様子でした。一日も早く母のところに行きたかったのでしょうか。

私たち兄弟はお仏飯《ぶっぱん》をいただいて大きくなった、つまりお寺の子でしたから、当然といえば当然のことでしょうが、弟は人一倍、真宗大谷派という宗門を愛していたようでした。若いときからアジソン病という病を得ながらも、九州大谷短期大学という宗門の学校に職をいただいたご恩を生涯忘れず、全国を走り回る毎日だったようです。最後の一年は幼児教育学科の主任教授という仕事をいただいておりました。

しかし弟は、自分が身をおいた宗門を、また人一倍悲しみ歎《なげ》いた人間でもありました。ついに命終えるまで、自分から進んで法衣を着ることはなく、僧侶になることを拒み続けました。法衣に袖を通さないことが弟なりの仏さまの弟子としての証《あかし》だったのだと思います。○○宗というのではない、ひとりの念仏者として自分の人生を生き抜こうとしたのが、弟のギリギリの心意気だったのでしょう。お数珠だけはいつも身から離すことはなかったようですから。お数珠だけが弟と親鸞さまを結ぶ、こよなき絆《きずな》だったのでしょうし、寺に生まれたことを喜ぶ彼一流の表現だったのかも知れません。

弟が病院で生死の境をさまよっていたとき、夜中の待合室で、いちばん上の姉がポツンともらした言葉が心に残っています。彼女は寺に嫁《とつ》いだ七十歳の坊守《ぼうもり》です。

「成《しげ》ちゃん、お念仏が出らんとよ。あんたはどうね」と姉。

「出ませんね」と私。

彼女の唇《くちびる》から寝言のようなお念仏が流れ出てきたのは、しばらくたってからのことでした。

弟亡きいま、一点のごまかしも見過ごさず私を見つめている弟がいます。人はごまかせても弟はごまかせません。弟とちがって法衣をまとう私は、弟の生死のすがたに、生涯ひれふしてまいりたいと思っております。

共命鳥

お経にはよく鳥がでてきます。たとえば『阿弥陀経』には、「極楽にはいろいろの美しい鳥がいます。白鵠《びゃっこう》、孔雀《くじゃく》、鸚鵡《おうむ》、舎利《しゃり》、迦陵頻伽《かりょうびんが》、共命鳥《ぐみょうちょう》など。このような鳥が昼と夜に六回、きれいな声で啼くのです。そしてその声は、み仏の教えとなってあたりに響き渡っています」と説かれています。そのうち共命鳥という鳥は、頭がふたつあって、顔は人間の顔をしていて、体は鳥のすがたというめずらしい鳥です。

こんな話があります。体はひとつなのに、ふたつの頭同士がとても仲が悪い共命鳥がいたそうです。あんまり腹が立ったので、ひとつの頭がもうひとつの頭に毒の木の実をいつわって食べさせたそうです。毒を食べた頭はすぐに死んでしまったのですが、しばらくすると毒が体に回って、もうひとつの頭も死んでしまいました。

頭はふたつでも体はひとつなのですからあたりまえの話です。なんとバカな鳥なのでしょうか。でもなんだか気味の悪い話です。この前の湾岸戦争も、この共命鳥の話によくにていると思いませんか。あの戦争で何百という油田が燃えている光景をテレビでみていたとき、ふと共命鳥のことを思い出しました。もうこれからは、戦争に勝ったとか負けたとかいうことはないんだと。そう急に地球がダメになってしまうことはないのかも知れませんが、確実に地球は破滅の坂を転げ落ちつつあると……。

それはいま、地球には何十億もの数の頭があるのですが、体はみんなひとつの地球の上に立っているからです。つまり、体はひとつなのですから。地球ひとつに無数の生きものたち。これも大きな共命鳥の一羽に見えてきませんか。

戦争ばかりではありません。最近のテレビでは、さかんに自然破壊の問題が放映されていますでしょう。地球という共命鳥のいのちは大丈夫なのでしょうか。もう間に合わないのでしょうか。まだ間に合うのでしょうか。

西洋のことわざに「自分の家を焼く者は、そのときだけあたたまる」というのがあるそうです。いま私たちは、私たちが立っている地球を燃やしている。そのときだけはあたたかく、快適な生活があるのですが……。

年賀状

これは山口県のあるお家《うち》で起きた事件です。

一月二日の朝のことでした。二階のお父さんがなかなか降りてこないのです。娘さんがお母さんにこういいました。「お父さんを起こしてきましょうか？」「寝かしときなさい、お正月だし……」「そうね、そうしましょう」。

しかしお昼を過ぎても二階からは物音ひとつしません。もう午後三時を過ぎています。ついに待ちくたびれた娘さんは、お父さんを起こしに二階へ上がり、部屋の襖《ふすま》を開けました。するとお父さんの枕元には、睡眠薬のビンが、いくつも転がっていました。

それからが大変でした。お医者さんが来てくださり、いろいろと手当てを施してくれたのですが、発見が遅かったためか、お父さんは二度と目を覚ますことはありませんでした。親戚に電話するやら、お葬式の段取りをつけるやら、お通夜の食事を用意するやら、お母さんと娘さんは、話をする間もありませんでした。お母さんにも娘さんにも、お父さんの自殺の原因がまったくわからないまま、お葬式も終わりました。

やっとふたりだけになった母娘は、お父さんの自殺の原因を調べるために、その持ち物を調べはじめました。机の引き出しから、お父さんの絶筆と思われる紙切れが出てきました。ふたりは奪い合うようにしてそれを見ました。とても短い文章でした。「たった二十二枚」、そして数行あけて、「さむい」と書いてあるだけでした。

ふたりははじめなにが二十二枚なのか見当もつきませんでした。それは謎のようでありました。しばらくのあいだ、ふたりはその紙切れを見つめたままでした。

とつぜん、娘さんが大声でいいました。「わかったぁ！　お母さん！」「なにが、なにがわかったの？」「昨日、お父さんに来た年賀状よっ！」「えっ？　どうして？」「昨日、お父さん、何回も何回も数えていたわ！」。テレビの上においてあった年賀状、お父さん宛の枚数は、ぴったり二十二枚でした。母娘は座り込んだまま、言葉もありませんでした。

去年、まだ会社に勤めていたころのお父さん宛の年賀状は、二百枚を超える数でした。お父さんは去年三月に会社を定年退職されたのでした。娘さんは大声で泣きました。「年賀状がなによ、虚礼じゃない！　それがなんなのよ！　お父さんのバカ！　お父さぁん！」。お母さんはお父さんのご遺骨に向かい、「お父さん、たった二十二枚じゃないのよ。本当のお友だちが二十二人もいらしたのよ！」と泣き伏してしまわれたのでした。

咬ませ犬

なんともひどい呼び名があったものです。まず説明しましょう。高知県は闘犬で有名な土地ですが、「咬《か》ませ犬」とはその土佐犬のなかで、年老いた犬のことです。かつては横綱として人びとから騒がれ、下にもおかない待遇を受けたこともある名犬も、ついには老いぼれ、目ヤニをためたり牙が抜けたり、背や腹が皮癬《ひぜん》で赤剥けになったりして、表舞台から消えていくのですが、そうなっても食べ物だけは与えられ、鎖につながれて、若い犬たちに咬まれる役目を負《お》うのだそうです。若い犬たちは、以前に恐れた横綱という古い権威、いまはヨボヨボになりはてた老犬を、遠慮会釈《えんりょえしゃく》なく咬み伏せることで、いやがおうでも敵愾心《てきがいしん》や闘争本能《とうそうほんのう》を燃え上がらせられ、闘犬場に向かうのだそうです。そんな「咬ませ犬」のすがたを想像するだけで暗澹《あんたん》とし、言葉もありません。

でも現実は人間だって、目ヤニに汚れ、歯も抜け、皮癬で赤剝けにはならないとしても、五十歩百歩です。長寿世界一と胸を張ってみたところで、皮膚はたるみ、神経はすりへり、足元はおぼつかなくなり、手先は不調法になり、目はかすみ、人さまの話は聞き取れず、若い人たちから咬まれることはないにしても、老いさらばえていくのです。むかし自分が感じたように若い人たちを辟易《へきえき》とさせ、疎《うと》ましく思わせるものなのです。

だからといって私は、人生を悲観し、世をすねて生きることをすすめているのではありません。「咬ませ犬」が惨めなのは、自身のおかれている状況になんの自覚も持っていないところにあります。つまり悲惨なのは、自分の現状に無自覚なことなのです。

お釈迦さまからすれば、「人生とは生まれ、老い、病んで、死んでいく過程」です。老いを止めることはだれもできない。現代の長寿は、その老いの期間が三十年も四十年も長くなっているということなのです。この現実の自覚をはっきりと素直に持つこと、そうすればおのずから、熟年とか高齢者とかいって老いから目をそらす空元気《からげんき》の愚かさも見えてきます。でしゃばることも要らない、一歩退いた生き方があることを見出すことでしょう。それは決して消極的なものではありません。かえって私利私欲に駆られ、まわりを見渡すことのできなかった若いころのようなあり方から開放され、いのちあるものすべてへの愛に生きる真に積極的な生き方だと思います。そこから世の中のいろんなすがたが見えてくるにちがいありません。

老人の仕事はいっぱいある。だれも咬まず、だれからも咬まれない世の中を創《つく》るために。

生きる・食べる・殺す

私の孫が二つになったときの誕生日に、鯛を一匹つけました。そしたら、その鯛の塩焼きを見て、孫が泣き出してしまったのです。この魚、目があるというのです。歯があるというのです。

もう二歳ですから魚が生きものであることくらいは知っていたのでしょうが、ふだん孫が食べている魚は、三角や四角のパックに入っている切り身の魚だったので、生きものを食べているという実感は、それまでなかったのだと思います。

ところが、食卓の上に目玉のギョロッとした一匹丸ごとが出てきたものですから、おどろいて泣き出したのでしょう。まわりの大人たちはそのさまを見て、「子どもはなんと純真なものか」と感動しました。だがその反面、食べることは殺すことだということが、とっても見えにくくなっているように思われました。

この魚はまずいとか、あの肉はかたいとか、食卓に上るご馳走にわがままをいうのは、殺しているという自覚が、食べることのなかで失われているということに、ひとつの原因があるのではないか、どうでしょうか。

また、あるお寺に行ったときのことです。そちらのご住職のご家族と夕食をごいっしょしたことがありました。そのご住職は食事の前に、「あなたがたのいのちをいただきます。すみません」とおっしゃいました。私はその言葉におどろき、またそのお心に感動しました。

そこで私はあらためて思い至ったのです。「生きることは食べること、食べることは殺すこと」です。この事実から私たちは、あらためて生きることをはじめなければならないと思ったのです。

さて、二歳のときに魚を見て泣き出した孫は、いまでは小学生です。その孫が先日、こういいました。

「おじいちゃん、お魚でいちばんおいしいところはね、目のところよ」と！

老いを見つめて

本屋さんでは「老い」と名のつく書物が目につきます。テレビでは「老人」を主人公にしたドラマも、近年目立つようになりました。私自身、まもなく六十六歳の誕生日をむかえようとしている今日《こんにち》、「老い」という言葉の前を素通りできなくなりました。

世間では老いてますます傍若無人の意見を述べる人、無理に若さを誇張している年配の人などがおられます。そんな方々を見ていると、なんともやりきれない思いになってしまうのは、私だけでしょうか。

先日、老人のおられるお家《うち》をたずねたら、壁に次のような張り紙がありました。

七十にしてお迎えあるときは、留守だといえ

八十にしてお迎えあるときは、まだ早いといえ

九十にしてお迎えあるときは、そう急がずともよいといえ

百にしてお迎えあるときは、時期を見てこちらから行くといえ

頑固はいい。だが、これは頑迷というもの。そのお家には若い息子さん夫婦も同居され

ているのです。彼らは鼻白む思いをなさっているのではないでしょうか。

「高齢者とか熟年とかいわれると、美人でもないのに美人といわれたようでゾッとする」と、ある新聞の投書欄で喝破された老人がいました。こんな頑固さは素敵です。

さて、お経にはお釈迦さまの修行の動機を次のように述べてあります。「老《おい》と病《やまい》と死を見て世の無常を悟り、国と財《たから》と位《くらい》を棄《す》てて山に入《い》りて道を学ぶ」と。老いから逃げてはならぬと思います。熟年という言葉でごまかしてはならないと思います。

〈人生とはしだいにくたびれていく長いひとつの道のり〉です。〈今日は若者、明日は老人〉ということはありません。若さのうちにも老いははじまっているのです。

中国では五十歳を艾年《がいねん》（艾《よもぎ》の葉は裏が白い＝白髪）、六十歳を耆年《ぎねん》（老いてもまだ日は沈んでいない）、七十歳を老年、八十歳を耋年《てつねん》（老いに至る）、九十歳を耄年《ぼうねん》（眉毛や耳毛が長くなったりするからでしょうか）というそうです。いつのまにか梧桐《あおぎり》の一葉《ひとは》墜《お》ちて天下の秋を知るのではなく、老病死《ろうびょうし》に真向きになって生きる道を求めたいと思います。

葬式仏教ということ

葬式仏教と批判されるなかで、四十年のあいだ住職をやってきました。数えますと、千人を超える方々の葬式をしたことになります。

まだ若かった三十歳代のころから、葬式や法事の儀式のなかに説教をはさんでみたり、お経をいまの言葉に直していっしょに読んでみたり、聖歌を歌ったりしてきました。葬式仏教と批判されるからといって、葬式そのものが不必要だといわれているのではないだろう、仏教寺院が中身のない形式だけになってしまったのがよくないのだと、気負ってやってきました。

ところが、あるとき、「坊主のお経はチンプンカンプンで訳がわからんから、まだ我慢もできるが、キリスト教の葬式は現代の言葉で訳がわかるだけに我慢がならん！」と、奥様を亡くされた方がある雑誌に書いておられたのを読んだとき、胸を突かれるような思いをしました。ご遺族の悲しみに思いを馳せることもなく、なんとも鼻持ちならない自分のすがたを想像して愕然《がくぜん》としたのです。

聞いて「わかる」説教より「訳のわからん」お経の方が、ご遺族の悲しみを逆撫《さかな》でしないだけマシなのだと思いました。最愛の人を失ったご遺族を慰めることのできる言葉など、この世にあろうはずもありません。だから、あの漢文で棒読みの読経が、今日に至るまで伝えられてきた歴史のなかには、「わかる」程度の言葉ではなんの慰めにもならない人びとの呻《うめ》きがあり、「訳のわからん」お経を、それでも読んできた人びとの悲しみが籠《こも》っているのだと思います。

「坊主になったからといって、えらそうに説教しようなどと思うな。それよりも、ただひたすらお経を読むがいい」と、私が僧侶になるときに教えてくれた亡き父の言葉の意味に、やっと頷《うなず》ける齢《よわい》になりました。

枕経におまいりして、亡くなられた方のお顔のシワやシミに刻まれているご生涯に思いを致《いた》しながら、いくらか素直に「ながいあいだ、ご苦労さまでした」とつぶやけるようになりました。これも生き延びてきた老いのありがたさだと思っております。本当は次のようにいいたいのですが、いくつになったらいえるようになるでしょうか。

「ようやったな、じゃ、いってらっしゃい」

生きてきた不調法

これははじめて聞く言葉ではありませんでした。お寺に生まれた私は、門徒さんたちが以前に挨拶《あいさつ》代わりに使っておられたのを、よく聞いたおぼえがあります。たとえば、こんな具合に。

「こんにちは。お元気ですか」

「へぇ、へぇ、お迎えも近うございます。生きてきた不調法《ぶちょうほう》がありますけぇなぁ」

生きてきた不調法、これを裏返していうなら、生きものを殺してきた不調法、まわりを傷つけ、人さまに自分の影を落とし、その前をよぎってきた不調法。生《せい》はそっくりそのまま殺《さつ》なのです。いや、生は殺によって成り立っているのです。

これはもう至極あたりまえのことであるにもかかわらず、あまりにも当然のことであるために、かえって見過ごしているのが私たちの日常生活なのです。あの魚はまずい、この肉はかたい、タイ米はとても……などと不平不満をならべ立て、必要以上にいのちを奪い、ケロッとしている。

こんな私たちの生きてきた不調法は、もはやどんな償《つぐな》いをしても、償いきれるものではありません。なにが不思議といっても、いままでいのちがあったことほど不思議なことはないでしょう。いま、バサッと牛に突き殺されたとしても、文句をいいうる権利など、爪の垢ほどもないことはたしかです。それなのに今日《こんにち》、私たちは、死んだあとにも、大きなお墓を立てたり、長くてエライ戒名をほしがったりしています。

一方、親鸞さまは、「自分が死んだら鴨川に流してくれ、そして魚の餌《えさ》にしてくれ」といい残されました。もしかしたら、親鸞さまは、自分もほかの動物たちと同じように、食べたり食べられたり（食物連鎖）する仲間に入りたかったのかも知れません。

生きてきた不調法、この言葉を死語にしてはならないと思います。私たちの先輩たちが、だれいうとなく永《なが》い歴史のなかで、紡《つむ》ぎ出してきたこの言葉を殺してはならないと思います。この言葉が死ぬときには、きっと人類も死に絶えるでしょうから。

年末年始

私の寺には犬やネコがいつも何匹かいます。みんなひろってきたものです。彼らはあるとき、ふっといなくなるときがあります。「あれ、ベティがいないぞ」「そういえば昨日からすがたを見ないみたい」。それからしばらくいなくなった犬やネコを探しまわったり、夕食の話題にのぼったりしますが、それもしだいに忘れ去られてしまう。そんなことが、幾度《いくど》となくくりかえされてきました。そしてお寺でお葬式があってお経を読んでいるとき、ふとだれにも厄介《やっかい》にならずに死んでいった犬やネコのことが胸に浮かびます。動物は死が近づくとすがたを隠《かく》すといいますが、人間はなかなかそんなわけにはいきません。

私の子どもが小学校一年生くらいのころ。台所で食べ物をもらっているネコを見ながらいいました。「ネコはいいなぁ、学校に行かんでもいいもん」。その子が大晦日《おおみそか》に私にたずねました。除夜《じょや》の鐘《かね》の行事のため、お寺じゅうバタバタしているときでした。「犬にお正月はないんだね」。そばでは雑種のジェットが悠々《ゆうゆう》と寝そべっていました。人間たちのバタバタと犬のユウユウとの際立《きわだ》ったコントラストが子ども心に映ったのでしょう。「そうだね。お正月があるのは人間だけだね」「おかしいね、ハッハッハ」。『徒然草《つれづれぐさ》』の著者である兼好法師《けんこうほうし》が八歳のとき、父にこうたずねた。「仏さまとはどんなものですか」「人間がなったものじゃ」「どうやって仏さまになるのですか」「仏さまに教えられてなるのじゃ」「その仏さまはだれに教えられてなったのですか」「その前の仏さまじゃ」「では、いちばんはじめの仏さまは」「空よりや降《ふ》りけむ、土よりや涌《わ》きけむ」。父はそういって笑ったという。時間に始めや終わりを求めて止まぬ人間の性向《せいこう》を笑い飛ばす禅仏教の天衣無縫《てんいむほう》の魅力です。本来無所住《ほんらいむしょじゅう》を説くそのラディカリズムは爽快《そうかい》です。もはやそこには正月や除夜の鐘が忍び込む隙《すき》はありません。人はそれでも時を刻み空間に線引きすることを止めないでしょう。この娑婆《しゃば》に生きる限り、そこから抜け出て生きることは幻想に過ぎません。もしそんなことができるのであれば、その人は凡人ではあるまい。

大晦日や元旦という節目はもともと中国の道教のものだといいます。除夜の鐘がひとつひとつ一年間におかしてきた罪を消し去る行事であり、明けて元旦は若水《わかみず》をつかって清《せい》浄《じょう》な心身となり、年の始めを寿《ことほ》ぐ行事といいますが、人生はそんなに簡単なものではないでしょう。「悲喜こもごも」という言葉もあります。無常と永遠、闇と光が紡《つむ》ぎ出す交響曲、それが年末年始の行事なのでしょう。

余生

余生

人生にあまりなんてあるものでしょうか。言葉尻をとらえるようですが、余生とはいただけません。このような言葉が出てくるもとには、この世に生まれた意味は立身出生にあるという考え方があるように思われます。いまでも小中学校で歌われている『仰げば尊し』の歌詞のなかに「身を立て名をあげ」とありますが、立身出世とはこれのことですね。一所懸命《いっしょけんめい》に努力し、財産を築き、豊かな暮らしを目標にするような生き方が「出世」であり「名をあげる」ことでしょう。お金の力と地位の力、これらはいわゆる権力でしょう。残念ながら世の中は、だいたいこのふたつの力で動いているといってよいでしょう。ところが、いずれはこのような「権力」も手放さなければならないときがやってくる。それが退職や引退です。また、金の力も体力の衰えとともに、その効力は減っていかざるをえないのではないでしょうか。権力といえども、老いと死の前には無力なのです。

お釈迦さまは若いときにこの権力のむなしさを知って、ご自身からそれをお捨てになりました。お経ではこれを「国と財《たから》と位《くらい》を棄《す》てた」といいます。私たちはその反対に、これらこそが生き甲斐だとしてしがみついています。しかし、老いとともにそれらは剝ぎ取られてゆくのでしょう。剝ぎ取られてしまえば、もはやそれとともに生き甲斐もなくなってしまうわけで、そのあとの人生は、まさに余生となってしまうのでしょう。それは付録の人生、あってもなくても、どうでもいいような人生ではないでしょうか。お金や地位を目指すことを生き甲斐と思い込み、そのためにたった一度きりのいのちを賭けてきた結果が、自分の老後を余生とつぶやくことだとすれば、なんとも情けないことです。

ところでインドでは人間の一生の過ごし方を四つに分けていると聞きました。その第一は学生期《がくしょうき》。生まれてから一本立ちするまでの期間で、十五歳くらいまで。第二は家住期《かじゅうき》。一家を構えて子弟を養う期間で、四十歳くらいまでです。第三は林棲期《りんせいき》。林に棲むといっても、実際には家庭の雑事や世間の雑音を離れて己を問い直し、思索にふける期間のことで、五十歳代くらいまででしょうか。この期間と次の期間との境目ははっきりとしていませんが、その第四が遊行期《ゆぎょうき》です。人生の最後の仕上げをするときで、気の合った人たちと旅に出るのです。この旅の目的地は、ガンジス河の畔《ほとり》にあるヒンズー教の聖地バラナシ（ベナレス）です。そこで死んだら火葬され、灰はガンジスに流してもらう。彼らにとって死は決して忌み嫌われるものではなく、神が与えてくれた静寂《せいじゃく》な安息なのだと思います。

誕生の裏側

四月八日はお釈迦さまがお生まれになった日です。私のお寺でもハリコの白い象さんに誕生されたお釈迦さまの像をのせ、甘茶《あまちゃ》の接待《せったい》などして「はなまつり」のお祝いをします。

ところが、この歳になるまで「誕生」という文字の意味もたしかめずにいたことに気づきましたので、辞書を引いてみました。おどろきました。「誕」という字の意味をご存知ですか? 第一は「いつわる」、第二は「あざむく」、第三は「うそ」、第四は「わがまま」、五番目にやっと「生まれる」という意味がありました。これはいったいどういうことなのでしょう。いままで「誕」の字にはおめでたい意味があるだろうと勝手に思い込んでおりましたが、そうではなかったのです。それでいろいろと思いをめぐらせました。

お寺の生まれだからなのかも知れませんが、私は家で自分の誕生を祝ってもらった覚えのないことに気がつきました。それで思うのですが、仏教にはむかしから誕生を祝う習慣はあまりなかったのではないかと。ひな祭りや端午の節句だって、あれは道教(中国)から来たものだといいますし、家族で誕生日を祝うのも西洋(それもキリスト教)の習慣が、明治以降に日本にやって来てからだと思います。

それにしてもなぜ「誕」という字を人間の出生につかったのでしょう。言葉は活《い》きものですから、時代とともにその意味は変わるといえば身《み》も蓋《ふた》もないですが、ふと次のような考えが浮かんできました。世間でもいうではありませんか。子があって泣き、子が無くて泣くと。お経のなかにあるのですが、我が子に夫を殺され、自分も牢獄に閉じ込められた妻が、お釈迦さまに泣いて訴える場面があります。「私はどうしてあんな悪い子を産んだのでしょう。愛情を尽くして育ててきたのに、あざむかれました。私は我が子にいつわられたのです。親孝行なんて、あれはうそです」と。

親が子に向かってそんな思いを抱けば、子は子で親に対してこういいます。「親たちはわがまま勝手に産んでおきながら、さも苦労したかのようにいつわっている。親孝行しろといったって、もうあざむかれないぞ！」と。子どもが親に向かっていう、この最後の捨てゼリフに、私たち親は、どんな返す言葉を持っているのでしょうか。フーテンの寅さんのいう「それをいっちゃ、おしまいよ」くらいなものだと思います。

世間では「誕生おめでとう」といいますが、少し突っ込んで考えれば、はたしてそうとばかりはいい切れないのが、出生の不思議というものでしょう。

ノミとハチと

私の孫が小さいとき、おくすりのことをおすくりとおぼえてしまい、まわりの私たちも合わせておすくり、おすくりといってきましたため、小学校にあがっても、なかなか「おくすり」といえず、困ったことがありました。「習《なら》い性《せい》となる」のことわざどおりです。

いつかノミのサーカスの写真を見たことがあります。あの小さなノミに、どのようにして芸をしこむのだろうと疑問に思っていましたが、作家の尾崎《おざき》一雄《かずお》さんの『虫のいろいろ』を読んで、わかりました。ノミはピョンピョン跳びますから、まず跳ばないようにしなければなりません。だから、まず底の浅いガラス器のなかにノミを入れて蓋《ふた》をしてから、底の方を外からポンポンとたたくのだそうです。ノミはびっくりして跳びあがるのですが、ガラスのふたに突き当たって跳ぶことができない。なんべん跳んでもダメ。

そこで、ノミは考えるのでしょう。俺は跳べるものだと思っていたが、それはまちがいだったのだ。跳べると思い込んでいただけなんだ。だから跳ぶことはまちがいなんだと。

そう考えたかどうかは知るよしもありませんが、とにかくついにはポンポンやっても跳ばなくなる。ゴソゴソと歩くようにしかならなくなったところで、芸をしこむのだそうです。もしかすると、私たちも長い人生のなかで、本来持っていた才能というか、可能性が埋《うず》もれたまま終わってしまうこともあるのではないかと思います。

動物や昆虫の世界は、まだわからないことがたくさんあって、そのうちのひとつが、どうして蜂は飛べるのだろうということだそうです。動物学や力学といった学問では、どんなに考えても飛べるはずがないのだそうです。ところが蜂は、そんな人間たちの学問を笑うかのように飛んでいるのです。

そこで尾崎一雄さんはいいます。蜂が飛べるのは、蜂自身が自分は飛べるものだと信じているからだと。もうひとついうなら、蜂は自分が飛べないだなんて、まったく知らないからだと。そうでも考えなくては、理屈が合わないではないかと。

尾崎さんのお話はとてもおもしろいですが、私はこう思うのです。やっぱり飛べるには飛べるだけの理由がちゃんとあるのであって、それを人間の学問がまだ解明できていないだけの話だと。蜂は人間の学問が「飛べるはずがない」といっていることを知るよしもないし、もちろん自分が飛べる理由なんか考えることもなしに、それが本性だから飛んでいるのでしょう。

きのこ雲

一九四五年八月九日、私は学徒動員《がくとどういん》で長崎川棚《かわたな》にあった海軍工廠《こうしょう》で特攻兵器・人間魚雷を作っていた。高等学校一年生。夜は工員の寮でノミとシラミに悩まされ、仕事中は海軍の兵隊から青竹でしごかれ、朝食と夕食のあとは広い食堂で眠りこけながらドイツ語や数学の講義を受けていた。

十時半ごろ敵機の来襲を告げる警戒警報のサイレンが鳴ったが、そのころはもう防空壕に逃げ込むことは許されていなかった。上半身丸裸の私たちは、工場の外に出ると真夏の青空を見上げた。キラキラと光るＢ29が二機、長崎の方へきれいな飛行機雲を引きながら飛んで行く。しばし敵機であることも忘れて、その機影の美しさに見とれていた。

仕事に戻って、どれくらいたったときだったろうか。それは稲光《いなびかり》のようだった。なにもわからないまま外へ出た。ド、ド、ドーッと大地を揺るがすような地響きが起こった。無我夢中で防空壕に頭から飛び込んだ。せまい壕のなか、みんな折り重なって、次になにが起こるのか待った。だが、なにも起こらない。ぞろぞろと壕から這《は》い出した。

「あ、あ、あれを見ろ！」だれかが南の方を指しながら叫んだ。大村湾をはさんで長崎の方向にピンク色をしたきのこ雲が夏の青空に突き刺さるようにそびえ立っていた。それが原子爆弾であると知ったのは戦争に敗れてから数日後、たしか八月二十日を過ぎてからだったと思う。

明くる朝、貨車から被爆された方たちが長蛇《ちょうだ》の列を作ってこちらに向かってこられた。私たちは道路の端に身を寄せた。背負われている人、棒切れにすがって歩いている人、戸板に乗せられた黒焦げになった母親、その胸にすがり付いている火傷を負った赤ちゃん。あのとき、私の聴覚は失われていたのだろうか。物音も人びとの泣き叫ぶ声も、記憶にはない。ちょうど私たちと被爆された方たちとのあいだに防音ガラスがあるかのようで、まったく音のない世界が目の前に広がっていた。私たちはただただ茫然とたたずんでいた。

その日。工場の片隅で見た新聞には、「長崎に新型爆弾。損害軽微。軍民ともに戦意盛んなり」という文字が躍っていた。

その日の夜、私たち学生に長崎支援の命が下り、小さな漁舟《ぎょせん》に分乗して大村湾に出て、明くる十一日朝、長崎の埠頭から上陸し、犠牲者の遺体の整理に当たったのだった。もう私たちは人間ではなかった。木材を運ぶように、焼死体を積み上げていったのである。

いのちの重さ

お釈迦さまは、お生まれになってすぐ七歩歩かれて、「天上《てんじょう》天下《てんげ》唯我《ゆいが》独尊《どくそん》」といわれたと伝わっています。これはいのちの尊さ、重さを表現したものでしょう。しかし今日《こんにち》では、自分だけが尊いというように、まちがってつかわれています。そうではなく、この広い世界には数知れないほどのいのちがあったとしても、そのひとつひとつはなにものによっても代えることのできない平等のいのちをいただいて生きていることをいわれたものです。でも私たちは、ともすると、自分の身にまつわる地位や名誉、財産や健康などによって人を傷つけ、自分のいのちをもまた粗末にあつかっているのではないかと思います。

つい先日、福岡空港でインドネシアの飛行機が離陸に失敗し、三人の犠牲者とたくさんの負傷者を出した事故がありました。おいおいその原因は明らかになってくるだろうと思いますが、テレビではその道の専門家がさまざまな意見を説《と》かれていました。そのなかのひとつに、とても気になったことがあります。それは、このような飛行機の事故があった場合、航空会社と被害者側とのあいだに起きる賠償の問題が話題となったときでした。

その専門家によれば、外国の飛行機が日本で事故を起こしたときがことに厄介《やっかい》だというのです。たとえば数年前、名古屋空港で中国の飛行機が起こした事故でのことです。その賠償金の額で被害者側と中国の航空会社とのあいだでいまも裁判が続いており、まったく折り合いがついていないそうです。詳《くわ》しくは知りませんが、会社が申し出た金額と被害者が要求する金額の差があまりにも大きいからなのでしょう。そのとき、その専門家がこういったのです、「いのちの重さがちがうのですよ」と。

つまり、こんどの事故の場合でいいますと、日本人とインドネシア人とのいのちの重さがちがうのだということでしょう。たとえば、インドネシアでいのちを落とすような事故が起きた場合、一千万円が賠償《ばいしょう》金《きん》の最高額であるのに比べて、日本では一億円だったとしましょう。そこには十倍もの開きがあることになるわけです。しかし、その十倍というのは、ふたつの国の経済力の差であって、決していのちの重さのちがいではないはずです。いろいろと理屈はいっても、被害を与えた側が被害者にその罪を償《つぐな》う方法としては、結局はお金しかないことは理解できます。けれどもお金によっていのちの重さが量れるわけではないのです。私たちはいつのまにか経済力の違いによっていのちの重さと考えてしまっているのです。いのちの感覚が、かくも無残《むざん》に麻痺《まひ》してしまっているのです。

ひとつ、みっつ

友だちから聞いた話です。彼は羽田空港の待合室で博多に帰る飛行機を待っていました。となりに五十過ぎのふたりの男性が話しながら座りました。

「おまえのところはいくつだ?」

「おれか。ひとつだ」

「そうか、いいなぁ。おれのところはまだみっつだ」

なんの話だろうと、私の友だちは、つい聞くともなく、聞く格好になったのです。

ちょっと話が途切れました。

「あれはお金がかかるからね。みっつか。そりゃたいへんだなぁ」

「うん。このまえ新聞で見たんだけどな。日本はべらぼうに高いんだよ」

「へぇ」

「正確な数字は忘れたんだがね。アメリカは二十万くらいだったよ。イギリスは四十万くらいでちょっと高い」

「そうかい。それで日本はどれくらいだ？」

「そりゃピンからキリまで、いろいろだろうが、平均で二百万は下らないそうだ」

「えっ、そんなにかかるの？　アメリカの十倍、イギリスの五倍か。これは高い！」

「それがおれのところには、まだみっつも残っているんだよ。家内と話しているんだがね、いざそのときになったらサラ金にでも飛び込もうかっていってるんだ。続けて死なれれば六百万だよ。もうお手上げだ」

〝死なれたら？〟友だちはその言葉で、なんの話かやっとわかったそうです。「ひとつ」「みっつ」とはご両親のことだったのです。夫婦にはそれぞれふたりの親がいます。都合四人いるわけです。そして今、この男性たちには、まだ三人の親とひとりの親が生きていらっしゃるのでしょう。これで話しの辻褄《つじつま》が合います。思わず私の友だちは、大きな咳払いをしたそうです。それに気づいたのか、ふたりの男はすぐに席を立って行ってしまったと、友だちは話していました。自分の親さまを、ものを数えるように「ひとつ」「みっつ」という神経に、なんともやりきれない気持ちになりました。

家庭とはなんだろう？　家族とはなんだろう？　そもそも肉親、身内とは、なんなのでしょうか。

せっかくの障碍

Mさん。彼は古くからの友人です。大手A社に入社し、十年前までその北海道支社長として元気に働いていました。彼のお兄さんが私の寺のご門徒ということもあって、その活躍ぶりを聞いておりました。けれども突然、彼は脳梗塞で倒れ、右半身に麻痺《まひ》が残りました。それからリハビリの生活がはじまったのですが、その肉体の苦痛とともに、働き盛りの生き甲斐を奪われた精神的苦悩の深さは、計り知れないものであったろうと思います。

会社を辞めてから帰郷するたびに寺をたずねてくれました。奥様もごいっしょでした。あれこれとリハビリの話を聞きました。たとえばネクタイをするとき、右手が利《き》かず左手だけでは結べないので、彼はネクタイの端をつかむ練習からはじめたそうです。それだけに一年かかったといいます。その根気だけでも私の想像を絶するものでした。しかしつかむだけではネクタイを結ぶことはできません。そのためには右手を上げなければなりませんが、肩の筋肉が落ちていますから、どうしても上がらない。ある日、ふと前にかがみこんだとき、上がらない右手が胸に届くことに気づいたのです。それでネクタイの端をつかみ、身をかがめながら左手で、試行錯誤してネクタイを結べるようになったそうです。

彼は若いころからカメラの趣味がありました。なんとか写したいと思っても右手が上がらないのでシャッターが切れなかったそうです。でもあるとき、カメラをさかさまにしてみたらシャッターが左下になることに気づき、自由な左手で撮影ができるようになったといいます。フィルムにもさかさまに写ることになるわけですが、これは問題ありません。一枚の写真をものにするためにはとても時間がかかるそうですが、ついにりっぱな写真集を出版し、世に問いました。

彼はこういいます。「自分に残されている機能になにかを加えれば、いろんなことができる。人間とは素晴らしいもので、願いがあれば不思議と神経が伸びて結ばれてくる」と。そしてこうもいいます。「せっかく障碍《しょうがい》者になったのだからこの機会を利用したいと思う。右手が使えなくても行える能力を発揮させなければ、もったいない」と。

「せっかく」という言葉に注目してほしいと思います。世間で、「せっかく大学まで行ったんだから」とか「せっかく宝くじに当たったんだから」とかいうように、そのあとにくる言葉はふつう、なにかしら価値があると思われているものです。でも彼はそんな常識を覆《くつがえ》してしまったのです。それを無理なくいうまでの彼の歩みを思うと、胸が熱くなります。

帰ってはみたけれど

地下鉄サリン事件から三年間、私たち真宗の僧侶は、弁護士、医師、カウンセラーの人たちと相談して、オウム真理教の出家者や信者の家族の方々と月に一度、あつまりを持ってきました。麻原彰晃が逮捕された一九九五年の五月を頂点として報道も少なくなり、裁判の進むにつれ、しだいに教団の罪状も明らかになり、ぼつぼつ脱会者もでてきたころのこと。ある母親から、自分の息子が帰ってきたという報告があったのです。思わず拍手が起こりました。人間は苦しみや悲しみをくぐることで、こんなにも人と喜びを共感できるようになるものなのかと感嘆しました。自分の子どもを奪われた悲しみは、こんなにも人の心を広く深く豊かにするのか。なんとさわやかな拍手だったでしょうか。

ひと月過ぎた例会のときでした。みんな、あのお母さんはおいでにはなるまい、だってお子さんが帰っておいでになられたのですから、と思っていました。ところが、おいでになられたのです。そのお母さんは、こう発言されました。

「一週間ほどは、やっと家族全員そろって、しみじみ幸せに浸っていたのですが、一段落しますと子どもはだんだん無口になってきました。一か月たった今では、二階の自分の部屋に籠《こも》ったきり、食事も部屋の前においておく状態です。会話はいっさいありません。ハレモノにさわるような毎日です。田舎のことですからうわさにもなっており、ひと月になるのに外に出ていません。とても社会復帰なんて……」。

みんな言葉もなく、沈黙が続きました。

「身体《からだ》が帰ってきただけではなんの解決にもならないと思います。ある日、ドアが少し開いていましたので、のぞいてみたら子どもは麻原彰晃の説教のビデオに見入っていました。子どもの心がオウムから離れるためには私たち親が変わらねばならないと思います。今後とも、この会に出席させてくださいね」。また拍手が起こりました。

入信、そして出家。その動機はいろいろですが、オウム真理教の場合、今の世の中があまりにも享楽《きょうらく》的であり、物欲《ぶつよく》的であることに対する反発が多いように思えます。いいかえるなら、お金と肩書きが最高に価値あるものとして世の中が動いている、その反抗として別の価値を求めた結果が出家ではないか。そうして家を出た子どもたちが、よく真相もわからないまま自分の家に帰ってはみたけれど、世の中や家庭が出家以前とまったく変わっていないとなれば、また家を出るのではないかと思います。

サリン事件以来

あれ以来、もうすぐ四年になります。一九九五年の三月でした。まだたくさんの方々がその後遺症に苦しんでおられます。宗教団体がひきおこした事件ですし、その教えのなかに仏教の言葉がたくさん使われていたこともありましたので、長年《ながねん》宗教関係の訴訟事件をあつかってこられた弁護士さんを招いて勉強会を持ちました。そこで知ったのは、信者のご両親の大変なご心痛でした。事件の半年後、十名ほどのスタッフで、ご両親約三十組の方々に集まってもらい、毎月一回の集会を続けて今日におよんでいます。

まだ行方のわからない信者、やっと安否だけは電話で連絡してきた方、信者のまま家に帰ってきている者、脱会して家に帰ってきている者、さまざまです。しかし帰ってきても世間の目はつめたく、就職することもほとんど不可能な状況です。友だちも離れていって、家のなかでは孤立している。そこに組織を立てなおしたオウム真理教から、ふたたび勧誘の電話がかかってきて、ついにはまいもどってしまうケースもあるのです。ご両親たちの精神的・肉体的・経済的苦悩は想像以上のものです。

人間はなんのために生きてきたのか？　生き甲斐とはなにか？　この根本的な人生の問題に光を当てないかぎり、オウム真理教を乗り越えることは不可能だと思われるとき、我々一人ひとりの生き方そのものが問題となります。つまり、一人ひとりの宗教観が問われていると思います。いま、マスコミのオウム真理教関連の報道のかげに隠れて、ちょうど雨後のタケノコのように、オウム真理教によくにた新しい宗教教団が続々と生まれていることを、我々は知らなければならないと思います。他人事ではすまされないと思います。

話は変わりますが、ヨーロッパではほとんどの国が死刑を廃止していますが、だからといって極悪な犯罪が多くなったという統計は出ていないようです。また、裁判といっても人間のやることですから誤りもあるわけです。死刑執行のあとに真犯人が出てきた事例も多いのです。だれが失われたいのちを償《つぐな》うというのでしょうか。死刑は教育刑ではなく報復刑です。国が被害者に代わって仇討《あだう》ちをするのです。なぜこのような話をするのかといいますと、サリン事件以来、死刑存続を望む人の数が増加の傾向にあるからです。和歌山で起きた毒入りカレー事件は、この傾向をますます強めたのではないでしょうか。

世界の趨勢《すうせい》が確実に死刑廃止にあるいま、私たちは眼前の事件に戸惑うことなく、冷静に生命の尊厳を熟慮すべきだと思います。

社会復帰

腰と足の痛みと痺れがだんだんとひどくなり、ついに入院して手術することになりました。病名は脊椎間狭窄症《せきついかんきょうさくしょう》と椎間板《ついかんばん》ヘルニアの合併症《がっぺいしょう》。四月十六日に入院、二十二日手術、五月十八日に退院しました。一か月あまりの入院生活でした。

手術してから十数日たったとき、どうしても帰らねばならない用件ができましたし、身辺の整理もありましたので、主治医の先生にお願いして一泊の外泊許可をいただきました。もうそのころは抜糸もすんで毎日三十分ほどのリハビリに入っていましたし、約一万歩の歩行訓練も個人的にやっていました。だから外泊を楽しみに待ちました。

ところが、いざ外泊してみますと、ひどく疲れてしまいました。目の前がゴチャゴチャ、チラチラして、みんなとっても忙しそうに動きまわっています。耳にはガンガンと騒音が入ってくるし、みんなの声もテンポが速くて、耳をふさぎたくなりました。そのうえに、めっぽう時間が速く過ぎてゆくのです。夕方、お風呂に入っていたら、もう体を洗う気力もないほどに、ぐったりしていました。明くる日は夕方までに帰る予定を切り上げて病院に帰りました。ベッドに体を投げ出して、大きく深呼吸しました。フゥー。いつのまにか深い眠りについていました。夕飯の時間に起こされるまで。よほど疲れていたのでしょう。

明くる朝、主治医の先生がおいでになりました。「疲れたでしょう」「ええ、とても……」「社会復帰はたいへんなことですよ。退院が楽しみになるためにも、リハビリをしっかりやってください」。そういえば、入院してしばらくは早く退院したい思いが強かったのですが、入院生活もまんざらではないと思うようになっていました。窮屈ではあっても、それに慣れてしまえば気楽で心地よいものでした。起床も食事も入浴も、就寝から消灯まで、完全に管理された生活です。すべて病院まかせです。

主治医の先生がこうおっしゃいました。「入院生活の方が気楽でよいと思うようになってはダメですよ」と。たしかに入院生活はふだんと次元のちがう生活です。いい言葉ではありませんが飼いならされた生活、仏教ではそのような生活を「畜生」といいます。その世界では飼い主からの生活の保障はあっても自由はありません。自由こそ人間であることの証《あかし》です。戦中、私たちは「自由」という言葉さえ禁句でした。それから戦後、いろんな自由を手に入れました。しかし半世紀を過ぎたいま、どうでしょう。せっかく手に入れた自由を捨てて、またぞろ畜生の世界へ逃げようとしているのではないかと思います。

悲喜の涙

悲喜の涙

涙は悲しいときだけでなく、嬉《うれ》しいときにだって出るものです。これを悲喜の涙といいます。悲しみと喜びは、そう簡単にふたつに分けられるものではないでしょう。たとえば離婚。離婚がどんどん増えていることが新聞などによく載《の》っています。それも悲しいこととして。両親の離婚がその子にとっていい知れぬ不幸であることはいうまでもありません。しかし、両親が不仲なのに、離婚しないために不幸になっている子どもだってたくさんいるのではないでしょうか。慶《けい》と弔《ちょう》。慶びごとには赤の水引《みずひき》、弔いごとには黒の水引をつかいますね。でも、実際の人生は慶と弔に分けられるほど簡単ではないと思うのです。

私の寺ではよく結婚式をします。式の終わりに説教があります。私の出番です。「結婚ありがとう」まずそういいます。「結婚おめでとうは、まだずーっとあとです。二十年先になるか三十年先になるか、あなたたちの子どもが大きくなって独立して結婚し、孫にも恵まれたころ、結婚をふりかえってみて、しみじみ幸せだと実感できたとき、おふたりだけで〝おめでとう〟といってほしい。そのころには、もはや私も生きてはいまいから、おふたりでこのお寺の仏さまにお礼参りに来ること。そのとき、私は仏さまのお口をお借りして、〝結婚おめでとう〟といいます」。

「今日、あなたたちが結婚できたのは、もちろんご両親のおかげだが、もっといえば、目には見えない、それこそ無数のおかげによるものです。いま着ている結婚の衣装《いしょう》ひとつにしても、たくさんの人びとのおかげがあって着ることができている。人間ばかりではない、絹は蚕《かいこ》の繭《まゆ》からできている、繭のなかには蚕のいのちが入っている。綿を栽培した人、農機具を作った人、港まで綿を運んだ人、そして運ぶ車を作った人。船に運び入れた人。長い船旅のあいだ、暑い機関室で石炭や油を焚《た》いた人。航海の安全のための灯台守さん。日本に着いたら綿を紡いで布にして……もういいですね。世界中のおかげがあっての今日の結婚式。だから〝ありがとう〟なんです」。

「今日のご両親の涙は喜びの涙。親は嬉しいときも悲しいときも涙を流す。あなたたちも親になるかも知れないし、ならないかも知れない。それはわからない。だが、あなたたちには親の悲喜の涙を、しっかりと身にしみこませてほしい。そして子や孫にその涙を伝えてほしい。子に恵まれなかったら、今いただいた悲喜の涙を世界中の人びとや生きものたちに伝えてほしい。それを恩返しという。恩とは今日の結婚の因《もと》をたずねる心です」と。

南無母のうた

いま、称える私の念仏は、七十年ほど生きてきて、あるとき気がついて称《とな》えるものではないように思います。父母が、祖父母が、ずっとさかのぼっては朝鮮で、中国で、そしてインドで、お釈迦さまが称えられたその以前から、いのちあるもの、いやいや、ありとあらゆる、たとえば道ばたの石ころでさえも、私たち人間には聞こえない声で称えてきたものではないでしょうか。ちょうど私たちが、息をしているように。

もちろん、人間の声によって、はじめて南無阿弥陀仏と称えられたのは、お釈迦さまでした。しかしそれは、お釈迦さまが考えてお作りになったのではなく、この世界の真実を悟られたお釈迦さまの耳によって、はじめて聞くことのできた声だったのです。

この世の一切が南無阿弥陀仏と称え、またその一切が南無阿弥陀仏に満ち満ちています。それればかりではありません。お釈迦さまご自身の心の奥底からも、その声が聞こえてきたのです。思わずお釈迦さまも、「南無阿弥陀仏」と称えられたのです。

悲しいときの称名、苦しいときの称名、嬉《うれ》しいときの称名、いろいろあります。でも、私たちの心の持ちようで、「南無阿弥陀仏」の値打ちが決まるものではないでしょう。吐く息、出す息、ちょうど吐息のようなものが称名ですね。

鎌倉時代に『方丈記《ほうじょうき》』という随筆を書いた鴨長明《かものちょうめい》は、その本のおしまいで、

不請《ふしょう》の阿弥陀仏、両三遍申して止《や》みぬ。

（請《こ》い望まれなくても救いの手を差し伸べられる阿弥陀仏の名を二、三回、口にして止めにした）

といっています。これもまた、吐息のような念仏でしょうね。

角かくし

結婚式のとき、花嫁さんの高島田の上に角《つの》かくしという白い布を巻きます。なんで角かくしというかといいますと、角は俺が俺がの自我の心のあらわれです。だから花嫁さんは角かくしで自我の角をかくし、嫁になるからには白装束で「どうぞ、どんな色にでも染めてください」というのでしょう。

浄土真宗のお寺で説教の御座《おざ》があるとき、門徒の方々は、男はカタギヌというチョッキみたいなものを肩にかけ、女は御座ブトンという五、六センチ四方の小さな座ブトンを頭髪にとめて説教を聞いたものでした。これもまた説教を聞くときだけでも自我の角をおさめて聞きましょうという角かくしのひとつだったのではないかと思います。

さて、讃岐の国（香川県）に、むかし庄松《しょうま》という熱心な信者がありました。当時、まれに見る同行《どうぎょう》だということで、ある絵描きさんが肖像画を描かせてほしいと申し出ました。ことわるわけにもいかず、できあがった絵は庄松さんそっくりで、みんな「よくできた、よくできた」と喜びました。

しかし、庄松さんは不服そうな顔です。「どこが気に入らないのかね」とみんながたずねました。「顔はそっくり、ようできてる」「それならいいではないか？」とみんな。「頭じゃ。これじゃ足《た》らん、足《た》らん」「なにが不足じゃ？」「角じゃ、角じゃ。庄松の頭には見えぬ角が生《は》えとる。どうか、ありのままを、描いてくだされ」。

できあがった絵には、次のような言葉があります。

地獄のわしが　お礼（の）念仏　南無阿弥陀仏《なむあみだぶつ》

書いた人はその寺の住職でしょうか。だがいったのは庄松本人です。自我の心を見つめるたしかな眼におどろきます。

自分中心にしか物事を見ることができない現実を、庄松は「地獄のわしが」といっています。その庄松が、いやそのような庄松だからこそ、南無阿弥陀仏を称える心に、一片《いっぺん》の祈願《ねがいごと》もなければ、一片の鎮魂《ちんこん》もないのです。あるのは、俺が俺がで地獄を作り続けている庄松に、身を賭《か》けて救ってくださる阿弥陀仏《あみだぶつ》への「お礼の念仏」なのです。

さわり

お寺で用いる仏具《ぶつぐ》に沙羅《さわり》という鉦《かね》があります。みなさんがたのお家《うち》にあるお内仏《ないぶつ》の鉦とよくにた打楽器ですが、音が違うのです。ふつうの鉦はカ～ンという澄《す》んだ音がしますが、この沙羅の音はジャ～ンという濁った音です。ヒビが入ったような音です。

ところで「さわり」という言葉は、「触《しょく》」とも「障《しょう》」とも書きますね。「触」は手に触《ふ》れる、ものに触《さわ》るというようにつかわれますが、「障」は身体《からだ》に障害があるとか、障害物競走というようにつかわれます。これも障《さわ》ると読みます。いまはあまり使われませんが、「このごろ奥さんに会いませんが、おさわりではないですか」とか、別れ際《ぎわ》に「さからんようにね」とかいったものです。この場合の「さわり」は病気のことですね。

「触」は「觸」の略字《りゃくじ》です。角《つの》という字が入っていますので、ただ触《さわ》るというだけでなく、向こうの方から付いてくる、相手の方から触ってくるという意味もふくんでいるようです。

字の解釈はそれくらいにしまして、お芝居《しばい》や浄瑠璃《じょうるり》などにも「さわり」という言葉があります。浄瑠璃の節《ふし》とは違った節をつけるところがあるのです。そこのところは、特に聞いてほしい、聞かせたい、まぁ、大事なところですね。それを「さわり」というのです。お芝居の場合は、「全部とはいわないが、さわりのところだけでもやってくれないか」というように使います。

さて、インドや中国からやってきた楽器には、わざと音が出にくいようにしてあるものがあるといわれています。たとえば尺八《しゃくはち》です。あれは吹けば音の出るものではなく、「首ふり三年」とかいって、なかなか音が出ないようにしてあると聞きました。そういえば、尺八の最初の音は、ズーッというような、複雑《ふくざつ》な音です。とてもオタマジャクシの五線譜では書き入れることのできるようなものではないですね。琵琶《びわ》という楽器もそうですし、三味線も上駒《かみこま》をはずしたりして微妙な音を出しますし、琴《こと》もそうですね。平家物語などで使う琵琶の音など、あのようにジャラーンとした音が、私たちにいい知れぬ無常感を思い出させてくれるのです。

ふりかえって、私たちの日暮らしを思えば、さわりだらけの毎日ですね。怒りや腹立ち、妬《ねた》み、嫉《そね》みの毎日です。あっちにぶつかったり、こっちに足止めされたり……。人生は事件の連続です。いや、事件が人生なのでしょう。事件のほかに人生なし、ですね。

開けたままの玄関

八月は悲しい月です。もう半世紀以上も過ぎてしまったのですが、米軍による恐ろしい空襲がピタリと止み、真夏の青空が目にしみた、あの八月十五日・敗戦忌の月です。

これは佐賀の田舎の真宗のお寺の話です。そこのご院家《いんげ》（住職《じゅうしょく》）さんも、若い坊守《ぼうもり》（院家の妻）さんや小さなお子さん、それに年老いたお母さんを残したまま兵隊にとられてしまい、どこへ征《い》っているのやら生死もわからず、八月十五日をむかえられたのでした。

これはなにもそのお寺さんに限ったことではなく、あの『岸壁の母』に歌われたように、父や子や兄、夫を奪われた家族にとっては、その後何年も何年も悲しみのどん底に突き落とした出来事だったのです。遺骨すら帰ってこなかったご遺族には、どうしても肉親が死んだことが信じられぬまま、この世を去った人たちもあったのです。それは兵隊で死んだ人たちばかりでなく、旧満州（中国東北地方）に残された人たちのご家族も同じでした。

話をお寺に戻しますが、その八月十五日の夜、お寺の門を閉めようとなさった坊守さんに、お母さんはいわれました、「門は閉めないでおくれ」「えっ？」「玄関も鍵をしないでおくれ」「はぁ？　はい！」。坊守さんは思わずお母さんに抱きついて泣かれたといいます。

それから、お寺の門も玄関も開けっぱなしの日が続きました。このことは、田舎のことですから、村中の評判になりました。夕方になると、きちんとした身なりで玄関に、それもお寺のことですから、勝手口の玄関ではなく大玄関を全開にして、畳に正座されているお母さんの姿があったといいます。ときには若い坊守さんもお座りになっていたそうです。その年の十月の半《なか》ば、復員姿のご院家さんが南方から帰ってこられました。いまではそのお母さんもご院家さんも亡くなられました。お子さん方も立派に成長されて、若かった坊守さんも孫たちに囲まれてお元気です。

もうむかしのことですので、この話もしだいに忘れ去られていくでしょう。ですから、なんとか残しておきたいと、心に温めてきました。このお寺さんの場合は帰ってこられましたが、とうとう帰ってこられなかったご家庭もたくさんあったわけです。そのようなお家《うち》では、八月十五日は、とうてい忘れることのできない日として、戦《いくさ》で散っていかれたお父さん、ご主人、お兄さん、許婚《いいなずけ》、あるいはおじいさんたちのために、せめて心のなかでは玄関を開けておられるのだろうと思います。だって残された人たちにとっては、その後の運命が大きく変わった日なのですから。

報復に思うこと

法然《ほうねん》さまといえば、いまから八百年ほど前に浄土宗という教えを開かれた方です。法然さまはいまの岡山県にお生まれになりました。そのお父さまの漆間時国《うるまのときくに》は人びとから税金を取り立てる仕事をされていましたが、ある晩、暴徒に襲われ、命を落とされました。亡くなられるとき、お父さまはまだ小さい法然さまを呼ばれ、「恨《うら》んではならぬぞ。恨みに恨みをもって返してはならない」とおっしゃったそうです。

法然さまはそれから近所のお寺でお坊さまになられ、そのあと京都の比叡山の延暦寺に学び、学問や修行ではならぶ者のない「智慧の法然房」といわれるほどのお方になられましたが、比叡山ではどうしても父親を殺された恨みがとけませんでした。

しかし、四十歳を超えられてから、中国の善導さまの書物のなかで「南無阿弥陀仏」の教えに出会われて、ながいあいだの恨みがとけたのです。仏さまの悲しいまなざしに思いを致《いた》し、法然さまは、恨みを超えて念仏されたのでした。

法然さまが説かれた念仏の教えは、枯野を焼く火のように当時の人びとに広がってゆきました。比叡山や奈良の古い仏教の人たちは、それを妬《ねた》んで役所に念仏を禁止するよう訴えました。このことはのちに承元《じょうげん》の法難《ほうなん》といわれます。法然さまは土佐（実際は讃岐《さぬき》）へ、弟子である親鸞さまは越後へ、そのほか六人の弟子がたも遠くへ流罪になりました。

とくにひどかったのは死罪に処せられた四人の弟子がたでした。なかでも住蓮房は京の六条河原で首をはねられ、その亡骸《なきがら》は川に流されたそうです。それから五十余年後、親鸞さまは亡くなられるのですが、そのとき、「死んだら鴨川に流してくれ、そして魚の餌《えさ》にしてくれ」という言葉を残されました。

なぜ鴨川だったのでしょうか。鴨川は親鸞さまにとって、ただの川ではありませんでした。ともに法然さまのもとで念仏の教えを学んだ友が殺された恨みの川だったのです。彼が魚の餌になったと思えば、魚にまで恨みを持ったこともあったのではないでしょうか。けれども、それからのちの親鸞さまの五十余年間は、いつのまにか数知れない魚を殺して生きてきた我が身の悲しみとともに、そのような罪深い身をこそ捨てることなく抱きとり、救ってくださる仏の慈悲に念仏される日々でありました。

もし、ご遺言どおりであったなら、鴨川の魚に食べられるとき、親鸞さまはきっとこうおっしゃったでしょう、「魚たちよ、ゆるしておくれ」と。

石抛る

　真宗の寺の住職を四十年ほどつとめましたが、十年ほど前にそれを退きましたのを機に、大山安太郎先生のおすすめもあって、先生の俳句教室に入れていただきました。そこでの例会で、次のような俳句が出され、おどろき、深い感動をおぼえましたので、紹介したく筆をとりました。それは「没日《いりひ》の海に浄土などなし石抛《ほう》る」という句でした。

　仏教のお経には、ちょうどお彼岸のお中日に夕日が真西に沈む方角に、十万億の国々を過ぎたところ、そこに極楽浄土があると説かれています。はじめは「ええっ」とおどろきましたが、すぐに深い感動が私の心にわきあがってきたのです。作者は我らが師・大山安太郎さん。三人の友がこの句を選んでいました。その理由をひと口ずつ発言するのですが、「この〝石抛る〟すがたこそ浄土真宗の信心だ」ということが、興奮した私にはやっとでした。

　親鸞さまは、ご自身の一生涯をかけてお書きになられた『教行信証』という書物の結びのところで、次のようにいっておられます。

信順《しんじゅん》を因《いん》とし、疑謗《ぎぼう》を縁《えん》として、信楽《しんぎょう》を願力《がんりき》に彰《あらわ》し、妙果《みょうか》を安養《あんにょう》に顕《あらわ》さんと

これをいまの言葉になおしてみます。「阿弥陀如来の教えに信じ順《したが》うことを原因とし、またその教えを疑《うたが》い謗《そし》る（非難する）ことも縁となって、阿弥陀如来の本願の力を信じて喜び、安養（浄土）にて妙果（さとり）を得るだろう」。

「没日《いりひ》の海」は西です。いままさにその海のかなた、はるか十万億土を過ぎたところに浄土がある。やわらかな夕陽の光、この俳句に季題はありませんが、「浄土」という言葉は春と秋のお彼岸を想わせます。「没日《いりひ》」は私たちに次の世があることを空想させるもの、そんな素直な心（信順）にさせるものです。

ところが、そのような素順《そじゅん》な心を突き破るかのように、作者は「浄土などなし」と断言するのです。「そんなもん、あるもんか」と海、いや夕陽に向かって石を投げつける（＝疑謗《ぎぼう》）のです。けれども、石は夕陽どころか、渚《なぎさ》にとどくのがやっと。

そんな作者を光（如来の本願力）はつつんでやまないのです。妙果といっても、それは光（＝安養＝浄土）のほかにないのです。

友あり

昭和二十年の春、私は中学生での四年間の生活を終え、高等学校に入学しました。昭和二十年といえば敗戦の年、勉強どころではありませんでした。入学式もなく、中学のときの工場動員先から、そのまま高等学校の工場動員先へ移動しただけでした。学校は佐賀。一年生は四組。文科と理科に分かれ、それぞれ英語とドイツ語によって甲類と乙類に分かれていました。学生は九州の中学校の出身の者が多かったのですが、なかには神戸や東京から来た友もいました。自宅通学以外は全員、運動場をはさんで校舎と向かい合っている寮に入る。二年生になると寮を出て下宿、仲の良い友だちが集まった。いつもお腹をすかしていた。語学には悩まされたが、あとの倫理学や国文学、心理学、歴史など、ほとんど教室には出なかった。町に出ては食べ物をさがしてまわり、映画をみることが唯一の楽しみでした。その友人もみな現職を退き、この数年、同窓会を年二回以上開きます。湯布院《ゆふいん》、秩父《ちちぶ》、長崎……二泊か三泊の旅です。湯布院のときなどは三泊四日の温泉めぐりでした。

そのときの話題は『地獄は一定すみかぞかし――小説　暁烏敏』という本で、作者は石和《いさわ》鷹《たか》さんです。この本はちょうど六年前、少し評判になったもので、書名が親鸞さまの言行録とでもいうべき『歎異抄《たんにしょう》』のなかの一節を取ったものだったこと、さらに暁烏《あけがらす》敏《はや》という人物が真宗の僧侶であり詩人でもある異色な方であったことから、友人たちのなかでただひとり僧侶になった私に、「親鸞について語れ」ということになったのです。

自分のお寺での説教であれば、門徒の方々はおとなしく私の下手な話を聞いてくださるのですが、友人はちがいます。話の途中でも遠慮なく質問が飛び込んでくる。禅に詳《くわ》しい者もいて少々意地悪《いじわる》な反論もある。中国やインドならともかく、なかにはヨーロッパの哲学や思想を説きはじめる者もいたりして、三泊四日の旅は温泉に浸《ひた》る暇《ひま》さえありませんでした。夕食時、お酒が入ると論舌ますます激しく、もとのテーマはどこかへ行ってしまい、湾岸戦争あり、地球温暖化あり、日本防衛論あり、などと話題は尽きることもありませんでした。別れるとき、「ほんとに温泉に入らずじまいだったなぁ」と笑い合ったものです。

帰路、五十五年前を偲《しの》ぼうと佐賀に立ち寄りました。むかしの本庄村《ほんじょうそん》は佐賀市本庄となっていて、学校は佐賀大学と名を変えていました。そのキャンパスの一隅に、「ここに不知火寮《しらぬいりょう》あり」の石柱と高校生姿の銅像が立っていました。みな無言でありました。

　蓬髪《ほうはつ》に　弊衣破帽《へいいはぼう》や　青春《はる》茫々《ぼうぼう》

梔子の花

　十人兄弟姉妹のいちばん上の姉が、先日八十三歳の生涯を終えて浄土に還《かえ》って行きました。私たちは真宗のお寺に生まれました。父が亡くなったのが昭和十二年の夏、日中戦争が中国全土にひろがった年です。姉は十七歳、いちばん末の妹は二歳、そのあいだに八人の兄弟姉妹がいました。母は三十四歳。京都の本願寺で得度《とくど》を受けて、当時としてはめずらしい女性の有髪《うはつ》の僧侶《そうりょ》となり、ご門徒さん方のご親切をいただきながら生計をささえてくれました。

　姉は絵を描くのが好きで、ひそかに美術学校に行きたかったようですが、現実にはそんな場合ではなく、母親代わりに九人の妹や弟の世話をし、お寺においでになるご門徒さんの話し相手にもなるという仕事の合間に、絵筆を持つことはあきらめて短歌の道をえらんだようです。朝、学校へ行くときなど、自分のも含めて玄関に七個の弁当を並べるのも姉の仕事でした。だからその姉だけは、私たちは「大き姉《おっ》しゃま」と呼んで、話すときも敬語をつかいました。

あるときその姉が、「あんたが大人になって故里《ふるさと》をはなれて暮らすようになったとき、思い出すのは山と川、どっちが懐かしいと思う?」とたずねたことがありました。たしか私が小学校の四、五年生のころでした。当時、筑後川の河童《かっぱ》だった私が「そりゃ川です」といいますと、姉は「ちがうばい、やっぱ山ばい」といって、石川啄木の短歌を大きな声で教えてくれました。「ふるさとの山に向ひて言ふことなし　ふるさとの山はありがたきかな」と。啄木の名を知ったのはそのときだったと思います。

昭和二十年八月十五日の敗戦の直前の七月、彼女のすぐ下の姉が亡くなったとき、庭の梔子《くちなし》の花が芳香を放っていました。彼女にとって梔子は、父と妹を思い出す特別な意味を持った花でした。彼女の第一の歌集の名も『梔子』だったのですから。

十年ほど前から私が俳句を作りはじめたことを知った彼女は自分のことのように喜んでくれました。短歌と俳句の交換が、彼女と私の心の絆《きずな》になりました。そのころから彼女は病を得て、入退院をくりかえす身となったのですが、しばらく私の俳句がとだえると、電話やはがきで請求してくるようになり、彼女の最後の歌集『〝夕映〟以降』では、とうとうその「あとがき」を書くはめになりました。

十人いた兄弟姉妹も、いまは五人になりました。故里の梔子は咲きはじめたでしょうか。

街・町・通り

街には匂いがあり、香りがある。通りには光があり、陰がある。そこに住む人びとは、いつのまにか、だれいうとなく、その町なり通りなりに名をつけてきました。私の住む寺の町名は、むかし鍛冶《かじ》町といいました。隣が材木《ざいもく》町、その西側の通りが万《よろず》町、船《ふな》町、名島《なしま》町、長浜通り、東側には極楽寺の町《ちょう》、須崎町といった具合でした。

万町、職人町、船町の南北の通りは、戦後いつのまにか親不孝通りと呼ばれるようになりました。この通りが長浜通りと交叉するところに予備校があったので、大学に入学できなかった高校卒の浪人たちへの愛称であったと思います。ズック袋を肩から提《さ》げた独特のスタイルの青少年たち、少しはイタズラする者もいたと思いますが、それは学生気質《かたぎ》というもの。むかしはそういってイタズラを許す気風が町の人びとにはあったものです。かく申す私だって、天神の町の交叉点でストームという無茶苦茶《むちゃくちゃ》な踊りをやって市内電車を止め、お巡りさんから叱られたことがありました。叱るお巡りさんの眼には笑みがありました。

いつだったか、親不孝通りが親富孝《おやふこう》通りと名前が変わっていました。だれが変えたのか知りませんが、なんとも寒々とした気になったものです。

さて、千葉県のある町役場に勤めていたYさんは、窓口に来た女性が連れている四歳の男のお孫さんが、数日あとに心臓の手術を受けるということを知らされました。彼女はとっさに手元にあったコイン型のチョコレートを渡して、その男の子にこういいました。

「おねえちゃんはね、すごい力を持っているのよ。このチョコレートを持っていたら、手術はぜったい大丈夫だから、これあげる」と。

二週間も過ぎたころ、その女性がまた役場にやって来ました。「あの孫、がんばったんです。手術台の上でも、ドロドロになったチョコレートを手ばなさなかったそうです。おねえちゃんのコインを持っていればこわくないといって……」という報告でした。そこまで自分の言葉を信じてくれたのかと思うと、Yさんは男の子に向かって「君に会えてよかった」と呼びかけたい気持ちになったといいます。

こんな町や村の役場って、家族的でいいなあと思います。大都会に吸収されて役場が市役所になっても、窓口でチョコレートを男の子にあげたYさんのようなおねえさんがいる、そんな職場であってほしいと思います。

手当て

手当てという言葉があります。用意とか世話とか給与とか、いろいろな意味でつかわれていますが、看病ということにもつかわれます。たとえば、「傷の手当てをする」とか。

小学校にあがる数え年八歳のとき、私は小児結核で一年のあいだ休学しました。お医者さんは長く白いおひげのおじいさんで、井手時雨郎《いでじうろう》というお名前でした。そばにおいでになると消毒薬のにおいがしました。

まずは、顔をじっと見られる。こわかった。額《ひたい》に手を当てられる。両方のまぶたをつまんで、くりっとひっくりかえされる。「はい、アーン」。おそるおそる口を開ける。そして耳の下あたりをグリッグリッと指で押さえられる。寝巻きを脱がされるころには半べそで、母の手をしっかりと握《にぎ》っていました。胸のあたりに左手を当てて、右の人差し指と中指でトントンとご自分の左手の甲をたたいて、その音を聴いてゆかれる。今度は背中。「はぁい」トントントン。トントン。

「次は聴診器、はい、大きく息を吸って、吐いて。はい、おりこうだね。背中もだよ。

はい吸って、吐いて……」。その次がいちばんイヤでした。おなかを押さえられるのです。一所懸命《いっしょけんめい》我慢しましたが、オシッコが出そうになるのがイヤだったのです。

　これで診察は終わるのでしたが、ときどき、ひざ小僧の下をゴムでできた金鎚《かなづち》のようなもので二、三回たたかれることがありました。でもこれは気持ちが良かったので、これをやられるときはホッとしたものです。

　父は肺結核がもとで、三十八歳で亡くなりましたが、残された十人の子どもたちもみな結核性の病気に罹《かか》り、母だけが結核菌のただようなかでコロコロと元気に、九十歳の天寿を全うしました。現在残っているのは五人になりましたが、あの白いおひげのおじいさん・井手時雨郎先生のお手当てのおかげであり、そしてその後を継がれた井手田丸先生のご恩を忘れてはならないと思います。

　現在八十歳の私は四人のお医者さまのお世話になっていますが、むかしとちがって手当てという治療はほとんどなくなってしまいました。健康以外のお話のできる先生はO先生おひとりです。大事にしたいと思います。医療機器の発達、薬品の進歩のおかげかも知れませんが、私の顔よりパソコンとにらめっこをしておられるお医者を見ると、ちょっと淋しい。

うしろ

人はふと、そこに不思議な気配を感じて、ときどき振り向いてみる。死もまた突然に必ずそこからやってくる。うしろ、つまり背中は、人間のもっとも油断しているところです。生まれたからには必ず死がやって来ます。だから人生を生死《しょうじ》というのです。ふつう生老病死といいますが、老と病は必ずやって来るとはかぎりませんから、省略しているのです。英語でモータル（mortal）とは〝人間〟のことですが、正しくは〝死すべきもの〟という意味です。またラテン語の〝メメント・モリ〟という言葉は「死を想え」という意味です。生（老・病）死を生きていくのが生物＝人間なのです。

亡くなられた丹羽文雄《にわふみお》という作家は、「私はみ仏さまを背中のうしろに感ずる」といいました。彼は『親鸞』という長編小説を書き、三重県の真宗のお寺に生まれながらも、如来を背中に感ずる人でありました。つまり、彼の信仰は、如来から逃げていくものであったのです。

ところで親鸞さまも同じようなことをいっておられるところがあります。いわく、如来の慈悲は「ものの逃《に》ぐるを追《お》わえとるなり」と。「もの」とはいのちあるもののことです。仏の愛は、仏から逃げていくものを背中から抱きとるものであると。

今日《こんにち》の社会は家庭から生老病死の現実が消えてしまったようであります。生つまり誕生（生まれる）も老人も、もちろん病人も、そして死すら病院のなかでむかえるのが一般的になったといってよいでしょう。家庭はどこにいってしまったのでしょうか？

最近のことですが、門徒の男性が病院に入院されました。病名は肺癌《がん》。しばらく病院で懸命の治療に当たられましたが、現代の医学をもってしても完治は不可能と宣告されて、本人とその夫人は相談のうえ、ご家庭に帰られたところ、本人はとってもお喜びになり、約二週間ベッドをともにして、往生の日を迎えられたのでした。病院の担当の医師は毎日ご家庭を訪問し、痛苦の緩和治療をされました。

さて、清沢満之師（大谷大学の初代学長）はこういっています、「生のみが我等にあらず、死もまた我等なり。我等は生死を並有《へいゆう》するものなり（生きるということだけが人生なのではありません。死もまた人生です。私たちは生と死を抱えているものなのです）」と。

あとがき

毎号いただいている「お便り」に、私はいつごろから仲間入りさせてもらっているのか。こんなに続くとは思いもしなかったので、「お便り」はほとんどなくしてしまっていた。たぶん四十年ほど前のことだと思う。知りあいのお寺さんから電話があり、「富田淑さんという方から、文芸誌みたいなものを作りたいので適当な人がいたら紹介してほしいという依頼がある」とのことで、お会いして静かな方だったことが記憶にある。

それから、「お便り」は百三十号を重ねている。いまの代表の左座富美子さんに、以前の号が残っていたら送ってほしいと頼んだところ、第四十四号から百号まで、ドサッと郵送されてきたのにはおどろいてしまった。左座さんにはお礼の申しようもなかった。

百三十号までのあいだに、数回は失礼したが、そのほかはだいたい、ほとんど書かせてもらった。現在、「お便りの会」の発行部数は一、二〇〇部。海外にまで発送されている。

富田さん、そして左座さんに共通するのは、詩《ことば》への愛情だろうと思う。親鸞聖人が亡くなられたのは、いまから七百五十年前、九十歳であった。たくさんの書物や和讃を残されている。私は八十二歳、ぼつぼつ死の準備をするときである。人生に余生などあるはずはない。いつ果てるかは大いなるいのちの流れにまかせて、お二人の「詩への愛情」に学び、せいいっぱい生死してゆきたく思う。

二〇一〇年二月

圓日成道《まどかじょうどう》

圓日成道（まどか　じょうどう）
1927年、真宗大谷派久留米教区常行寺に生まれる。浮羽中学、佐賀高校を経て九州大学経済学部卒業。昭和27年、浄土真宗本願寺派光圓寺に入る。二十数年前、住職を退き自由。2012年５月逝去。著書に『娑婆に生きて』『いのちにそむきて』『終りなき世に起ちて』『三つの髻』『観無量寿経講読』など。

心に響く3分間法話
老いて出会うありがたさ

二〇一〇年四月二〇日　初版第一刷発行
二〇一四年七月一八日　初版第三刷発行

著　者　圓日成道
発行者　西村明高
発行所　株式会社　法藏館
京都市下京区正面通烏丸東入
郵便番号　六〇〇-八一五三
電話　〇七五-三四三-〇〇三〇（編集）
〇七五-三四三-五六五六（営業）

印刷　立生株式会社　製本　清水製本所

ISBN 978-4-8318-8976-8 C0015